AF250972

51
Lb 1148.

LETTRE POLITIQUE,

DE M. DE CORMENIN,

SUR LA LISTE CIVILE.

PARIS,

Chez SETIEB, Imprimeur-Librere,
Rue de Grenelle Saint-Honoré, n. 29,
Et chez les Libraires du Palais-Royal.

—

1831.

El que [illegible]

[illegible]

LETTRE POLITIQUE,

DE M. DE CORMENIN,

SUR LA LISTE CIVILE.

Après la loi sur l'organisation de la pairie, la loi sur la liste civile est la plus importante de la session.

L'une a terminé la révolution sociale de l'égalité; l'autre va dresser le bilan de de la royauté de juillet.

J'ai porté les premiers coups à l'hérédité de la pairie. Si je pouvais ébrécher la liste civile!

J'ai plaidé pour la souveraineté du peuple. Si je défendais l'argent de ses sueurs contre la rapacité des gens de cour!

A les entendre, l'économie appauvrit les états; la nation doit, avec un laissé-aller chevaleresque, étaler sa munificence dans la dotation de son roi; la jeune dynastie de juillet doit briller par sa splendeur entre les monarchies européennes. Il faut que sa liste civile, proportionnée aux richesses du pays, aux dimensions du bud-

get et aux charges de la couronne, représente noblement
la grandeur et la dignité de la France; que, de son
souffle puissant, elle féconde les beaux-arts; qu'elle sou-
tienne la décadence des théâtres; qu'elle embellisse les
Tuileries; qu'elle achève le Louvre; qu'elle décore les
jardins, les parcs, les eaux et les palais immenses de
Fontainebleau, de Compiègne et de Versailles; qu'elle
aménage l'essence des forêts; qu'elle entretienne les haras
d'étalons anglais; qu'elle perpétue la tradition du goût
par le monopole savant de ses manufactures; qu'elle
consomme les produits merveilleux de l'industrie et du
luxe; qu'elle supplée par ses largesses à l'insuffisance des
pensions; qu'elle se popularise par l'hospitalité de ses
banquets et par l'éclat de ses fêtes, et qu'elle soit la providence des pauvres et l'asile du malheur.

Je vais peser la valeur de ces différentes considéra-
tions.

« Il faut, dit-on, que la royauté soit forte, pour être
respectée, et pour être forte, elle doit être riche. »

Je ne croyais pas, je l'avouerai, que les nécessités
d'une grosse liste civile fussent entrées pour rien dans
les déterminations des vainqueurs des barricades. Ils ne
virent dans la royauté que l'unité du pouvoir. Ils prirent
Louis-Philippe par les raisons que voici :

Il était là, et dans les révolutions qui vont vite, ce
qu'il faut et ce qui réussit, c'est un prétendant tout
trouvé.

Il avait une lignée de fils jeunes et brillans; gage de
paix publique, l'hérédité rassurait contre l'ambition des
tiers.

Par les souvenirs de son père, par les combats de sa

jeunesse, par son opposition sous Charles X, par les couleurs de sa cocarde, par sa proche parenté, le duc d'Orléans était à l'égard des Bourbous plus usurpateur que qui que ce fût, et par conséquent, il paraissait plus que personne l'œuvre du peuple souverain de qui relève l'empire et de qui viennent les couronnes.

Le chef des parisiens insurgés avait préféré le duc d'Orléans à tout autre, et le peuple de l'Hôtel-de-ville suivait les préférences de Lafayette.

Possesseur d'une immense fortune, régulier dans ses mœurs, simple dans ses manières, affable, économe, populaire, Louis-Philippe disait et l'on croyait qu'il serait un roi sans cour, un roi bourgeois, un roi-citoyen.

De quel étonnement le peuple n'a-t-il pas été frappé, lorsqu'au bout de quelques jours d'un règne orageux, lorsqu'au sein d'une effroyable misère, on a vu tout-à-coup les conseillers de notre roi sans cour, de notre roi bourgeois, de notre roi-citoyen, demander, par distraction sans doute, une énorme, une monstrueuse, une incompréhensible liste civile de *dix-huit millions.*

Sa stupeur fut d'autant plus grande, qu'il y avait eu de bonnes gens qui s'étaient imaginé qu'un roi bourgeois, riche de 5 millions de rente, pourrait, à toute force, se passer de liste civile.

Il y avait bien un fonds de vérité dans les raisonnemens de ces bonnes gens-là, lorsqu'ils disaient : Plus de la moitié de la fortune actuelle du duc d'Orléans lui vient de la nation ; car les florissants apanages dont il jouit, sont un démembrement des propriétés de l'état ; le voilà donc déjà richement doté par la nation !

D'ailleurs, on nous a promis un gouvernement à bon

4

marché. Or, figurez-vous une liste civile de 18 milions
qui s'avance en tête d'un gouvernement à bon marché !

Mais le roi est si désinteressé ! C'est pour cela qu'il
ne doit pas nous demander tant.

Mais il est si économe ! C'est pour cela qu'il doit faire
son service à meilleur compte.

Mais il a personnellement si peu de besoins ! C'est
pour cela qu'il doit laisser davantage au peuple qui en a
beaucoup.

« Comment ! diront les orateurs ministériels, vous ne
» pensez pas qu'il est nécessaire, pour le bonheur, pour
» la dignité du pays, que la liste civile du roi des Français,
» surpasse en grosseur, en monstruosité, celle du roi
» d'Angleterre, de Bavière, etc ? »

Je repondrai d'abord, que l'Angleterre est un royaume
féodal, tandis que la France est un royaume républicain ;
qu'en Angleterre, le peuple sert le roi à genoux, tandis
qu'en France on a vu des rois aux genoux du peuple ;
que le roi d'Angleterre, le roi Guillaume s'appelle un
roi gentilhomme, tandis que le roi des Français, le roi
Louis-Philippe, s'intitule le roi citoyen ; que le roi d'Angleterre a besoin d'éclat pour lutter avec les fortunes in-
commensurables de l'aristocratie, tandis que le roi des
Français écraserait par l'énormité de sa seule fortune
personnelle, le plus opulent des citoyens ; que les revenus royaux, casuels et héréditaires du roi d'Angleterre
sont absorbés par des pensions et des dépenses publiques,
et que sa liste civile a été réduite par le parlement, au
mois d'avril 1831, à 12,951,750 fr., tandis que la liste
civile du roi des Français se trouverait déchargée

5

1° de 1,875,000 francs de pensions qui grèvent celle d'Angleterre ;

2° de 2,218,600 francs d'emplois et offices supprimés;

3° de 507,500 francs affectés aux honoraires du grand chambellan, du grand-maître de la garde-robe, du grand-écuyer et du vice-chambellan, pages du tabouret et gentilshommes de la chambre ; tandis que nous avons lieu de croire, d'espérer du moins, que nous n'aurons plus au service du roi-citoyen, ni grands-chambellans, ni grands-écuyers, ni grands-maîtres de la garde-robe, ni pages de tabouret, ni gentilshommes de la chambre ;

4° Enfin de la différence du cinquième en moins sur la valeur des denrées, fournitures et traitemens de l'Angleterre, comparée à la valeur des denrées, fournitures et traitemens de France, ou 1,470,150 fr.

Maintenant additionnez les réductions, rapprochez les deux listes civiles, et vous verrez que S. M. Louis-Philippe, roi des Français, peut tenir, tout juste, le même état de maison, avec moins de dépense encore que Guillaume IV entouré de ses hauts et bas-officiers, pour la somme de 6,880,520 fr.

Les courtisans vont jeter les hauts cris, mais voilà la vérité. Avec quelques six millions, un roi bourgeois peut faire la même figure qu'un roi theinmlmug oe.

Si les petites royautés de la Bavière, de la Hesse et autres, ont des listes civiles trop grosses, je les plains; et parce que les Bavarois ou les Hessois auront fait une sottise, ce n'est pas une raison pour les imiter. Il ne faut pas d'ailleurs perdre de vue un point fort important, c'est que l'excès de leur liste civile est le résultat d'une transaction de ces rois avec leurs peuples, lorsqu'ils ont passé, comme Louis XVI, de l'état absolu à l'état constitutionnel. Les peuples se sont rédimés, à beaux deniers, de leur servitude, sauf à compter plus tard. Mais ici, le peuple français ne doit pas sa liberté que je sache à Louis-Philippe, et Louis-Philippe, que je sache, au contraire, doit sa couronne au peuple français, et il me semble que le peuple souverain a déjà donné bien assez, sans que, par dessus le marché, on lui demande encore le reste de son argent.

Des rois absolus, nous n'en parlerons pas; ils n'ont rien, car ils ont tout; de Charles X, il était si bien mangé qu'il ne lui restait que les os; de Napoléon empereur, il disposait des rois et des trésors de l'Europe; nous n'en sommes pas encore là; de Bonaparte premier consul, voyons: il n'y a qu'un pas, en effet, d'un premier consul à un roi citoyen.

Quand le jeune vainqueur de l'Ttalie, quand le fabuleux conquérant de l'Egypte, quand le pacificateur de la Vendée vint siéger sur le trône consulaire, voulez-vous savoir combien nous coûtaient les trois consuls, traitemens, frais de table et de maison réunis ? *un million cinquante mille francs.*

Alors on ne demandait pas au peuple français 1,200,000 francs, seulement pour échauffer les fourneaux souterrains de la bouche. Alors nous ne nous traînions pas misérablement, à deux genoux et les mains jointes, devant la fustigation d'un protocole. Alors nous ne nous inquiétions pas de savoir par où les troupes de la Savoie et de Turin pourraient faire irruption sur notre territoire, car nous étions les maîtres de Turin et de la Savoie. Alors nous ne nous retirions pas du bord de nos frontières pour ne pas faire de la peine aux Prussiens, et du sein de la Belgique pour ne pas effaroucher le roi de Hollande ; car tous les départemens de la rive gauche du Rhin et la Belgique étaient à nous. Alors on ne pouvait pas même dire que nous fussions en république, tandis que nous sommes en monarchie; car nous avons aujourd'hui les deux institutions qui approchent le plus de la république, savoir : la publicité de la tribune et la liberté de la presse.

Ainsi, pour résumer, Louis-Philippe a un revenu personnel aussi grand, à moins de deux tiers près, que la liste civile du roi d'Angleterre qui règne en Europe et en Asie sur 80 millions de sujets; quarante fois plus grand que le traitement du président des Etats-Unis qui étend sur l'Océan et sur la moitié d'un monde les bras de sa gigantesque nation, et six fois plus grand que celui de Bonaparte premier consul, lorsque l'Europe se taisait d'admiration et de crainte, devant la France puissante, glorieuse et pacifiée.

« Vous ne nierez pas du moins, me dira-t-on, que la
» liste civile ne doive être une caisse de prévoyance, un
» lieu d'asile, une bourse pour les pauvres, une succur-
» sale de la Providence. »

Vraiment, la liste civile serait tout cela? Hélas ! oui, si nous en croyons certaines gens qui paradent autour des Tuileries, et qui disent d'un ton de bon homme : Donnez, donnez toujours ; cet argent-là, auquel vous paraissez tant tenir, on ne sait pourquoi, ne retombe t-il pas en rosée sur les misérables ? Qui n'aurait pitié de leurs souffrances? Ne doit-on pas tout faire pour ce pauvre peuple? O courtisans, que vous avez l'âme tendre! quoi! rien pour vous?

Ne dirait-on pas qu'il y a, dans quelque coin des Tuileries, une corne d'abondance d'où s'échappent toutes seules les largesses du prince? Mais qui verse l'argent dans la corne? Le trésor. Qui alimente surtout le trésor? N'est-ce pas les cotes directes et indirectes des ouvriers, des laboureurs, des petits contribuables? C'est donc le peuple, en définitive, qui paie la liste civile, le menu peuple.

Chose curieuse! ce sont les gens portant bas de laine, bijoux de Chrysocale et gants de poil de lapin, qui versent aux mains du roi, une portion de leur nécessaire, pour que le roi, à son tour, enrichisse des marchands de martre zibeline, de cachemires, d'émeraudes et de perles orientales.

Mais supposez que tout cet argent revienne directement dans leurs mains, à quoi bon l'en ôter, pour l'y remettre? Y revient-il d'ailleurs? Mais non. En vérité, c'est comme si l'on disait à un indigent : Donnez-moi un sou; bien! maintenant, tendez l'autre main, voici un liard. Où vont donc les autres trois liards? Parbleu, ils restent dans les doigts du prince et des courtisans à travers lesquels ils passent.

C'est énorme, n'est-ce pas, que de donner aux pauvres, aux incendiés et aux inondés, 1,000 fr. le lundi, 1,000 fr. le mardi, et autant le mercredi, et autant le jeudi, le vendredi, le samedi et le dimanche, et autant chaque semaine, et autant chaque mois? Eh bien, vous croyez, en voyant ce détail, que cet argent-là monte à des millions. Ce n'est cependant, jour par jour, que 365,000 fr. dans une année. Doublez la somme, ce ne sera que 730,000 fr. A-t-on donné, donne-t-on, et donnera-t-on, pendant toute la durée du règne, 2,000 fr. par jour ? Je n'ai pas besoin de vérifier le livre de caisse, pour affirmer que cela n'est pas, que cela est impossible, et que, quand cela serait, on ne distribuerait après tout, au maximum, au grand complet, que 730,000 fr. Or, 730,00 fr., ce n'est pas là un million, plusieurs millions. Demander aux pauvres qu'ils vous donnent de quoi leur faire l'aumône ; leur prendre un sou pour leur rendre un liard ; secourir les misérables avec ce qu'on soutire aux misérables, voilà les rares et sublimes inventions de nos charlatans d'économie !

Mais, dites-vous, le roi se fera bénir ; il est si bienfaisant ! Bienfaisant avec notre argent ! vous vous moquez. Est-ce que je bénis la bienfaisance du ministre de l'intérieur, lorsqu'il m'accorde un secours sur les fonds de secours du budget ? Quand ne serons-nous donc plus dupes des mots ? Je suis bienfaisant, lorsque je travaille, que j'économise, et que je distribue aux pauvres le superflu de mes épargnes ; mais si je reçois de l'argent pour le donner, et que je le donne, je ne suis pas bienfaisant. La question se réduit donc à savoir si le prince sera un distributeur plus intelligent de ce fonds de l'état que le ministre ; or, c'est ce que je nie.

Car le ministre rend des comptes, le ministre est responsable, le ministre n'a pas autour de lui des historiographes et des poètes lauréats, des confidens et des maîtresses, des chambellans et des valets qui, jour et nuit, chantent en chœur sa bienfaisance pour la mettre à contribution.

Combien, je vous prie, y avait-il de libéraux malheureux inscrits sur le grand-livre des pensions de Charles X, qui montaient à plus de six millions ? pas un seul peut-être. Demain, les libéraux auront exclusivement leur tour; aujourd'hui, les harpies du juste milieu s'abattront avec leur haleine impure et leurs griffes dévorantes, sur les mets de la liste civile ; ainsi, dans ces distributions, tout est coterie, rapacité, déception, mystère.

Une grosse liste civile sert en quelque sorte d'hospice aux petites gens comme il faut, qui, par mauvaise habitude d'éducation ou par orgueil de naissance, préfèrent l'oisiveté de l'aumône à l'honorable indépendance du travail.

Une haute liste civile entretient la haute et la basse mendicité : les mendians pullulent et bourdonnent autour d'elle, comme ces myriades d'insectes qui s'attachent aux flancs des gras animaux, pour boire leur lait et sucer leur sang.

Que le roi Louis-Philippe élève un corps de bâtiment haut de sept étages et divisé en chambrettes qui, dans l'espace d'une lieue, longera la Seine depuis le gros Caillou jusqu'à la Rapée, et trois mois ne s'écouleront pas avant que sa bienfaisance n'ait trouvé à les remplir, de la cave au grenier, de solliciteurs de toute espèce.

Qu'on lui donne à distribuer en pensions cent millions de francs, et les pétitionnaires, plus multipliés que les feuilles des Tuileries, tendront leurs innombrables mains pour les recevoir. Après cela, le royaume n'en sera que plus pauvre, pauvre pour s'être apauvri, pauvre pour pensionner des oisifs. Ne comprendra-t-on jamais que ce qui enrichit une nation, n'est pas ce qu'on lui ôte, mais ce qu'on lui laisse ?

S'il n'y avait pas de si grands palais, il n'y aurait pas de si petites cabanes. Si le roi ne touchait pas 18 millions de liste civile, et que les octrois fussent dégrevés d'autant, le peuple qui paye les octrois, vivrait mieux, vivrait à meilleur marché. Si d'immenses ceintures de bois ne serraient pas de si près les reins de Fontainebleau et de Versailles, Fontainebleau et Versailles auraient des jardins plus fructueux, des populations plus aisées et plus nombreuses, et des halles mieux approvisionnées. Si tant de forêts royales étaient défrichées, ou divisées, ou aliénées, il y aurait plus de petits propriétaires, plus de droits de mutation, plus de productions variées, plus d'aisance dans les populations du lieu, plus de richesses dans la nation, plus de citoyens.

Il y a dans tel château que le roi n'habitera jamais, 1500 lits où personne ne couche ; il y a dans telle ville, des mères de famille insolvables que le collecteur poursuit, que le propriétaire chasse de sa maison, et qui errent de porte en porte, avec leurs jeunes enfans, sans savoir où reposer leurs têtes. Bénévoles députés, si enclins à donner à un roi qui vous regarde, l'argent d'un peuple trop loin et trop bas placé, pour que, du haut de vos chaises curules, vous puissiez l'apercevoir, que dites-vous de cela ? Avant que de loger le roi bourgeois dans ses douze palais, ni plus ni moins que le soleil, avez-vous songé à tant d'autres français qui sont sans vêtemens, sans pain et sans asyle ? Croyez-vous que le peuple dont vous vous dites les mandataires, n'ait pas, comme le roi, un estomac que la faim fait crier, et des membres qui grelottent, lorsqu'ils sont nus ? Ah ! mandataires du peuple, lorsque la postérité nous appellera au jour de son jugement, que nous aurons de comptes à rendre !

Je sais bien qu'on me répondra que les mandataires du peuple s'en tireront alors comme ils pourront, et qu'il est très-probable qu'ils s'inquiètent peu du jugement de la postérité, qui ne songera pas plus à eux qu'ils ne songent à elle; qu'il s'agit de pourvoir aux embarras du moment et à la pénurie du commerce, du commerce de la rue St-Denis surtout, qui, ainsi que chacun sait, ne peut aller sans une bonne liste civile.

Pour moi je concevrais l'argument, si nous avions une aristocratie de princesses et de marquises éblouissantes du feu des diamans, traînant après elles de longs habits de satin, festonés de tulles et de dentelles et suivies d'un tourbillon de chambellans bariolés de soie et d'or; mais nous ne pouvons pas avoir et nous n'aurons pas de cour; la reine est d'une simplicité charmante, et ses modestes filles portent des chapeaux sans plumes et des robes de toile; dès lors, que peut servir une liste civile au commerce de la rue St-Denis ? On tre ou cinq bals parés de l'Opéra videront plus ses magasins que les soirées des Tuileries. Ne croirait-on pas que sans liste civile, on ne pourrait plus vendre ni acheter ? Demanderait-on par hasard, qui ferait vivre les marchands ? Eh ! mais, ce sont les marchands. L'épicier achète les bottes du cordonnier qui achète son sucre. L'horloger vend ses montres au tapissier qui meuble la chambre du boucher qui nourrit la mercière qui prend les chapeaux de la modiste qui s'habille chez la lingère qui loue au propriétaire. Et tous ceux qui ne sont ni sinécuristes, ni ministres, ni rois, les artisans, les rentiers, les employés, les banquiers, les militaires, les juges, les femmes et les consommateurs de toute espèce, les compte-t-on pour rien? N'est-ce pas leurs besoins sans cesse renaissans, sans cesse satisfaits, qui alimentent le commerce? N'est-ce pas leur argent qui monte, descend, remonte d'étage en étage, qui court d'une main et d'une boutique à l'autre, et qui, dans ses transformations successives en denrées, en meubles, en vêtemens, en parures, en loyers, en billets, en espèces, anime et vivifie toute la ville?

Il y a de très-grandes cités où les marchands vivent et où il n'y a pas de rois. Les marchands meurent-ils de faim à New-Yorck où il n'y a qu'un président qui coûte 125,000 francs; 125,000 francs, entendez-vous, amateurs si désintéressés des 18 millions, amis si subits des marchands! Ce serait une pauvre ressource que deux ou trois millions de dépenses à Paris, où les marchands vendent pour 1,200 millions par an, et ces 2 ou 3 millions iront-ils se faire ramasser sur les comptoirs de la rue St-Denis? Les marchands de la rue St-Denis n'ignorent pas que l'on sait trop bien, dans un certain lieu, le prix des écus pour qu'on leur fasse prendre ce chemin-là. Les paysans de la Basse-Bretagne qui paient, les pâtres des Alpes qui paient, les herbagers de la Normandie qui paient, les laboureurs du Languedoc qui paient, les vignerons de la Bourgogne qui paient, les ouvriers de Lyon, de Bordeaux, de Nantes, de Marseille, qui paient, et qui tous aimeraient autant ne pas payer, et qui tous ne mettront jamais le pied, ni à Paris, ni à la cour, s'inquiètent fort peu de savoir si l'argent de la liste civile, qui est le leur, fera ou ne fera pas du bien aux marchands de la rue St-Denis. Et les marchands de la rue St-Denis eux-mêmes, qui souffrent et ne vendent rien, se demandent, d'un air tout contristé, à quoi pourrait servir une liste civile de 18 millions, puisque depuis quinze mois la couronne a reçu plus de 25 millions, sans compter les revenus immenses de la dotation, de l'apanage et du domaine privé, et qu'ils ne s'en sont pas aperçus. Voilà un bien bel argument, que l'argument de la rue Saint-Denis!

« Au moins, vous conviendrez avec M. C. Périer, me
» dira-t-on, qu'il faut que la jeune royauté sortie des
» pavés des barricades, brille dans l'intérêt de l'orgueil
» national, d'une plus vive splendeur que les autres
» couronnes de l'Europe, et qu'elle se présente aux re-
» gards et à la vénération du peuple, escortée de la ma-
» jesté des souvenirs. »

C'est merveille de voir ce héros de la banque chevaucher sur les palefrois de la féodalité, et se mirer dans la majesté des souvenirs. Où diable a-t-il appris tout cela? Prend-il Louis-Philippe pour un Louis XIV, et se prend-il lui-même pour un Colbert? Ou plutôt croit-il que la dignité du roi des Français consiste à ranger chaque soir des piles d'écus sur le comptoir de la liste civile, à tenir ses livres en partie double, et à calculer les bonifications des changes?

Louis XIV et Louis XV traînaient à leur suite un monde fastueux de valets, de ministres, de gardes, de maîtresses et de courtisans. Les écuries, les caves, les toits, les salons, les appartemens, les communs, les cuisines, les cabinets, les garde-robes, les palliers, les chambres, les anti-chambres, étaient surchargés et combles jusqu'aux bords.

Napoléon, maître de l'Europe, peuplait les châteaux impériaux de ses chambellans, de ses capitaines, des rois qu'il avait faits, de son nom et de sa gloire. Sa personne dominait tout et remplissait le vide de sa cour. Il était plus colossal que les palais qu'il habitait. Il n'y avait pas de grandeur qui ne semblât petite auprès de la sienne. Il avait accoutumé les peuples à personnifier en lui la France.

Louis XVIII et Charles X avaient un ordinaire immense de gentilshommes de la chambre et de maîtres-d'hôtels, écuyers, officiers des gardes, aumôniers, valets et courtisans, grands et petits, rouges, bleus, noirs, violets, galonnés, dorés, argentés, titrés, mitrés, moirés, portant manteaux, hermines, épaulettes, camail, ruban, cordons, plaques et chaînes d'or, et une affluence extraordinaire de dames d'atour, d'honneur, d'accompagnement et de présentation, toutes plus étincelantes les unes que les autres de prétentions, de charmes et de diamans.

Mais quand Louis-Philippe arpenterait cinquante fois par jour la vaste solitude de ses palais, sa modestie ne serait-elle pas écrasée par la hauteur des Tuileries, de Fontainebleau et de Versailles ? Qui peuplera ces déserts de pierre ? Où sont les mousquetaires rouges et gris, les Helvétiens, les gardes-du-corps, les officiers et les gentilshommes, et leurs valets et leurs dames ? Le peuple des barricades se soucierait-il de payer une cour qui le mange et qui se moque de lui? Philippe est-il d'humeur à ce qu'on dise de lui ce qu'on disait des autres : Ces gens-là n'ont rien oublié ni rien appris!

Ministres de Louis-Philippe, voulez-vous représenter dignement la France? N'allez pas, comme des fanfarons, jeter à la tête des rois et des empereurs le pommeau de votre épée; mais ne faites pas non plus tant les humbles aux genoux de la sainte-alliance; ne faites pas rebrousser le char de la révolution dans les ornières du juste-milieu, et ne reployez pas sous son aile la tête du coq gaulois!

Mais il s'agit bien de parler de gloire, lorsque la Pologne expire et que l'Europe désarme!

Aussi, nous dit-on que la puissance de Louis-Philippe ne doit plus éclater que dans les conquêtes savantes de la paix; que la rosée qui descend du trône, fertilise le champ des beaux-arts; que la contemplation de la personne du monarque échauffe, sous les rayons de la liste civile, l'imagination des poètes et des statuaires, et qu'un seul de ses regards les éclaire, les inspire et les récompense.

Je ne disconviens pas que ces phrases d'académie, débitées avec une certaine emphase, ne fissent à la tribune un très-grand effet, et je ne serais pas du tout étonné que, de quelque coin de la salle, on n'entendît partir des cris de *vive le roi* !

Vaines paroles démenties par l'histoire ; serviles maximes que repoussent les arts!

Les arts aiment la liberté et vous les emprisonnez sous la tutelle d'un roi.

Qu'y a-t-il de commun, je vous prie, entre les arts et la royauté? Y avait-il un roi à Athènes, lorsqu'aux applaudissemens de la foule enivrée. Zeuxis ornait de ses sublimes peintures les murs de l'élégant Parthénon, ou lorsque, sous le ciseau créateur des Phidias et des Pygmalion, respiraient les grâces de Pandore et la majesté vivante des dieux ? Y avait-il un roi, lorsque David jetait ses Sabines entre deux armées, ou que ce fier génie peignait Léonidas mourant aux Thermophyles ? Y avait-il un roi, lorsqu'il ouvrait aux Gérard, aux Gros, aux Guérin, son immortelle école de peinture ? Y avait-il un roi, lorsque les statues de l'Apollon et de la Vénus de Médicis, et les tableaux de Raphaël et du Corrége, couronnés des lauriers de la république, entraient dans nos musées, avec une pompe triomphale ?

Les arts se rapetissent et se taillent sur le patron de nos camarillas.

Sous Louis XV, ils s'enluminent de rouge et de blanc, et ils portent de la poudre et des paniers, comme les poupées de la cour.

Sous Charles X, prince dévôt, il faut que des peintres, sans foi religieuse et par conséquent sans inspiration, suspendent au dôme du musée des tableaux de sacristie, froids et inanimés comme la palette des artistes.

On fabrique des sacres où les seigneurs de la cour veulent que leurs traits communs et leur stature voûtée se relèvent sur la toile dans une attitude colossale. Puis, comme nous changeons souvent de rois et que ces figures d'un autre règne pourraient blesser le nouveau protecteur des beaux-arts, à chaque avènement on les décroche du plafond, on les ôte de leurs cadres dorés, on les roule et on les relègue au grenier. Voilà où vont les sacres. O vanité !

Aujourd'hui, l'on vous fera des médaillons de famille, et des Jemmapes et des Valmy, où nous verrons ressortir en relief de petits héros sur de grands champs de bataille. Voilà ce qui s'appelle parler à l'imagination! Eh! mon Dieu, ne prétendez pas à diriger les arts, ne donnez pas tant d'argent, mais faites de grandes choses et servez de modèles!

Si le roi doit diriger les beaux-arts, pourquoi ne dirige-t-il pas l'académie de peinture, de sculpture et d'architecture, puisque vous lui laissez les châteaux, les palais et les musées? Pourquoi ne braque-t-il pas dans les espaces du ciel, sur Jupiter et sur Vénus, les lunettes de l'Observatoire? Pourquoi ne préside-t-il pas à la dissection anatomique des éléphans, des baleines et des insectes? Pourquoi ne ranime-t-il point du souffle de son génie les os et la chair morte de l'Institut? Vous voulez qu'il soit maçon, peintre, graveur, statuaire, médailliste, et vous ne voulez pas qu'il soit naturaliste, historien, géomètre, ingénieur, poète, astronome! Qui oserait donc, sans irrévérence, affirmer que le roi ne sait pas tout? Qui serait assez mauvais citoyen pour cela? Pourquoi souffre-t-on aussi que le ministre de l'intérieur achève l'arc de triomphe, ordonne le fronton de la Madeleine, et couvre nos ponts et nos places de fontaines monumentales et de statues? Pourquoi faire une sottise à demi lorsqu'on peut la faire complète?

Si le prince n'entend rien aux arts, c'est un commis en frac ou en épaulettes qui jugera le mérite des artistes. Si, ce qui serait pire, il est à demi connaisseur, il leur fera subir la bizarrerie de ses préférences. S'il porte dans les arts l'entêtement d'un esprit sans flamme et sans couleur, il faudra donc que, pendant toute la durée de son règne, les arts restent stationnaires comme les institutions politiques. S'il est avare, il gardera l'argent pour soi ou il les traitera mesquinement. Si son commis n'a pas de goût, il peut gâter l'art, en favorisant le burlesque. Et si ce commis est un fripon, et qu'il s'avise de vendre, de détourner ou d'échanger des tableaux et des statues qui appartiennent à la nation; s'il est despote et qu'il prétende fermer au public l'entrée des musées: s'il est fantasque, et qu'il veuille envoyer en province ou claustrer dans les galeries inaccessibles des palais de la couronne, les chefs-d'œuvre de nos grands maîtres, qui l'en empêchera? est-il responsable?

Mais on dit: le ministre n'a pas le sentiment des arts. Un roi l'a-t-il davantage? non. Mais il mettra à leur tête un directeur instruit. Et qui empêche donc le ministre d'en faire autant? mais le ministre ne pourra commander de grands ouvrages, car il serait borné par le vote annuel des chambres! Je répondrai que les chambres n'ont jamais refusé de fonds pour les grands ouvrages qui sont en cours d'exécution. Les chambres ne sont pas si welches qu'on le suppose. Elles aiment les arts autant que les courtisans, et elles ont un sentiment plus vif qu'eux de la grandeur nationale; elles ne souffriraient pas qu'un ministre responsable sacrifiât les arts à la coterie, et lorsque nos charges diminueront, elles voteraient pour leur encouragement, soit en écoles, soit en commandes, soit en achats, des fonds beaucoup plus considérables que s'ils vivaient dans la maison du roi, à la portion congrue.

Dans les monarchies absolues, le roi représente la

nation personnifiée, et l'artiste peut recevoir, sans se dé-
grader, des encouragemens de sa main. Mais dans les
gouvernemens libres la nation se représente elle-même,
la nation est souveraine, la nation est tout, la nation
punit et récompense, la nation paie et reçoit, la nation
inspire et contrôle, et la fière indépendance de l'artiste
s'indignerait d'être obligée de se plier aux directions
capricieuses d'un courtisan, et de tendre la main au plus
riche des citoyens, fût-il roi.

Mais M. Casimir Périer ne se contente pas de ravir
aux beaux arts leur indépendance, en les assujetissant
au servage du monopole royal. Il veut encore ôter à
tous les palais de l'état leurs revenus et leur nationalité.

« Il faut conserver, selon lui, pour l'honneur de la ré-
» volution, et léguer à l'avenir les châteaux de Versailles,
» Compiègne, Fontainebleau, qui ne sont pas seulement
» des résidences royales, mais des monumens nationaux,
» décorés par les arts et illustrés par l'histoire. »

Le ministère mêle la révolution de juillet à tout, en
parole. Il lui a fait faire volte-face, il lui tourne la tête,
et il ne lui fait plus regarder que le passé. Il semble ou-
blier que les monumens de l'architecture ne supposent pas
toujours la civilisation. Ils n'obtiennent le respect des
nations que s'ils répondent à leur génie.

La prodigieuse hauteur des monumens égyptiens qui
étonnent l'imagination, se liait par tous les points au
système de la théocratie. A des dieux immenses de gra-
nit, il fallait des temples colossaux. Le peuple, qui se
nourrissait de quelques oignons, élevait de magnifiques
tombeaux pour la vanité des rois, et des sanctuaires
impénétrables pour la tourbe des prêtres.

L'élégance des temples grecs respirait les gracieuses créations de la mythologie.

Dès que Rome quitta les exercices vivaces de la liberté, on lui bâtit des cirques et des temples avec les esclaves et l'or du monde.

Les châteaux de la féodalité découvraient au loin dans la plaine les huttes des serfs misérables et abrutis.

Les cathédrales du moyen âge ajoutaient par leur grandeur à la grandeur sombre et mystérieuse du christianisme et soutenaient la religion des peuples.

Les pompeuses inutilités de Versailles n'allaient pas mal avec cette tourbe de courtisans et de valets qui formaient la cour d'un roi absolu.

Mais à mesure que le goût de la liberté arrive aux peuples, la commodité succède à la magnificence. Il faut que l'utilité plus que la grandeur éclate dans les monumens publics. On construit des canaux, des routes, des écoles, des quais, des ports, des hospices, des théâtres, des fontaines, des ponts.

C'est une fausse idée de croire que les monumens inutilement fastueux de l'architecture et des arts, attirent chez nous l'étranger; c'est plutôt la douceur du climat, la facilité des mœurs, la commodité de la vie, l'abondance, le luxe, les spectacles, les plaisirs, la liberté.

Si les châteaux de la couronne sont, comme les appelle le ministère, des châteaux *nationaux*, pourquoi donc ne pas ou les vendre, ou les louer, ou les utiliser au profit de la nation? mais ce n'est pas de la sorte que l'entend le ministère : il faut que la nation les entretienne à ses dépens, sans pouvoir elle-même, en aucune manière, en disposer ni en jouir. Voilà, selon le ministère, le caractère essentiel d'un monument national !

Ecoutez messieurs les courtisans : il leur faut absolument des châteaux, beaucoup de châteaux, tous les châteaux. Ils ne vous feront pas grâce d'un seul ; ils ne permettraient même pas au roi, s'il en avait envie, de faire, à ce sujet, la moindre observation.

Mais Versailles est peut-être bien grand ? — Ah ! sire, c'était le palais de votre oncle Louis XIV.

. Et Rambouillet ? — Que dites-vous là ? ce château vous venait de votre aïeul, le duc de Penthièvre.

Et Fontainebleau ? — C'était l'habitation de François Ier, votre prédécesseur, de François Ier, comme vous, sire, protecteur des beaux-arts.

Et Compiègne ? — Un château royal ! votre plus beau fleuron ! une forêt si productive ! y songez-vous , sire ?

Et Saint-Cloud ? Il touche presque à Neuilly. — Et Meudon ? Il touche à St.-Cloud. — Et Trianon ? Il touche à Versailles. — Et les fermes ? Elles touchent aux parcs. — Et les maisons ? Elles touchent aux palais.

Vous croyez donc vraiment que je ferais bien de tout garder ? — Oui, sire, cela sera beaucoup plus national.

A la vérité, le roi-citoyen, en comptant les siens, aura plus de châteaux que n'en eut jamais Louis XIV ; mais ce n'est là qu'une petite singularité qui, après tant d'autres plus étonnantes, ne mérite pas la peine qu'on s'y arrête. A la vérité, l'entretien de ces caravansérails de pierre, où ne logera que la valetaille, absorbera plusieurs millions : mais qu'est-ce que cela fait ? la nation paiera.

La majesté de la souveraineté du peuple se marie si bien avec ces vieilles images de la féodalité ! il y a des rapports si intimes et si vrais entre un roi-bourgeois et les pompes de Versailles ! et puis, les forêts de Fontainebleau, de Rambouillet et de Compiègne, donneront au roi un immense revenu. Il peut, sans violer le Code et sans que l'inspecteur des domaines y trouve à redire, jeter bas tant de magnifiques forêts qui valent des lingôts d'or. Une dotation immobilière qui ne subit jamais le pointilleux contrôle des chambres, cela est si facile à administrer! cela est si commode! On taille, on coupe, on démolit, on vend, on loue, on ne doit aucun compte. Décidément, le roi ne peut, sans manquer à la dignité de sa couronne, à l'espoir de la France, à l'estime de l'Europe et aux promesses de la révolution de juillet, abandonner aucun de ces châteaux. C'est même dommage qu'il y en ait si peu!

D'ailleurs, nous ferons bien voir, ajoutent les courtisans, qu'avec de la force d'âme, on sait se résoudre à des sacrifices. Cela coûtera, mais enfin, après avoir gardé le Louvre, les Tuileries, l'Elysée, Versailles, Trianon, Marly, Saint-Cloud, Meudon, Pau, Rambouillet, Fontainebleau, Compiègne, avec toutes leurs dépendances, annexes, enclaves et accessoires, maisons, bâtimens, manufactures, terres, prés, rentes, corps de fermes, eaux, bois et forêts, nous laisserons peut-être, si l'on nous en prie bien, vendre.... Bagatelle !

Que les hurleurs de l'opposition viennent dire après cela qu'on ne lâche rien !

Un autre avantage, voyez-vous, qui s'attache à la possession de tant de châteaux, c'est que cela met en goût pour prolonger la galerie du Louvre. C'est une heureuse idée, n'est-ce pas, surtout dans ce moment-ci, que celle d'achever le Louvre ? Ne trouvez-vous pas qu'il y a autant d'utilité que d'à-propos ?

Nous savons bien que vous allez nous dire que la construction fastueuse de Versailles a obéré Louis XIV, qu'elle a amené la banqueroute de Law, et qu'elle nous a mis sur les bras, depuis plus d'un siècle, la charge annuelle d'un entretien de plus de 600,000 mille fr.., que nous avons déjà bien assez de pierres amoncelées les unes sur les autres ; qu'il est plus urgent d'alléger l'impôt sur le sel, le tabac et les boissons, que de gâcher du plâtre ; que la manie de la truelle, qui ruine les particuliers, n'enrichit pas les rois ; qu'il faudra exproprier à grands frais tout le quartier du Vaudeville ; que les étages supérieurs du Louvre ne sont pas même occupés, et que, quand la galerie sera achevée, on ne saura qu'en faire.

Ces raisons-là, nous en conviendrons, ne sont pas toutes également absurdes; mais, après que M. Fontaine aura gâté le jardin des Tuileries, à quoi voulez-vous donc qu'il occupe un roi économe et citoyen !

O les puissans argumentateurs que les logiciens de cour !

Pour moi, je ne sais par quel caprice d'imagination, je m'etais forgé de toutes autres idées. Je me figurais que ce n'était point dans l'exagération de la liste civile, dans la monstrueuse possession de tant de palais, de châteaux, de forêts et de terres, dans les délicatesses recherchées des banquets et dans les merveilles du luxe ; mais que c'était dans la force de ses prérogatives constitutionnelles, la simplicité de ses mœurs, l'habileté de son gouvernement, l'union, la confiance et le bien-être des citoyens, que devaient résider l'éclat, la popularité, la puissance, la majesté et la gloire d'un roi électif.

Il me semblait qu'il faudrait démolir ce qui est inhabitable, pour reconstruire ce qui est commode ; qu'il faudrait s'abstenir de dépenser quand on n'a pas d'argent ; qu'il faudrait ne pas lever d'impôt sur toute la France pour aligner à Paris, des moellons sur des moellons, sans génie et sans utilité ; qu'il faudrait, avant de songer aux courtisans qu'on logera dans les palais, songer aux pauvres qui meurent de faim dans leurs chaumières ; enfin qu'il faudrait se souvenir que le Louvre qu'on veut laisser au roi, a été pris par le peuple.

Mais où découvrir maintenant la souveraineté du peuple ? où siége-t-elle ? où s'exerce-t-elle ? Pas un seul homme du peuple ne participe aux élections ; pas un seul homme du peuple ne représente le peuple ; pas un seul palais qui porte le nom de palais national ; pas un seul musée qui soit national ; pas de législature qui soit le produit d'un vote universellement national ; et cependant c'est par le peuple et pour le peuple que la révolution de juillet a été faite !

Hélas ! lorsque j'ai aperçu les ongles crochus de tant d'hommes aux mains desquels tombait cette pauvre et innocente révolution, je me suis retiré un peu en arrière pour les voir fonctionner, et j'en ai eu mal au cœur. Dès lors j'ai senti se dissiper l'enchantement de mes illusions, et je me suis bien gardé surtout d'aller donner, comme un rêveur, dans la chimère des gouvernemens à bon marché. Mais néanmoins je n'aurai jamais pu m'imaginer que ça dût coûter si cher un roi-citoyen !

A l'ouverture de la session, j'ai été traité de visionnaire

et de radical, parce que je demandais dans l'adresse au roi, qu'on procurât aux classes ouvrières le travail qui les fait vivre, l'instruction qui les moralise et les droits municipaux et politiques qui leur appartiennent, comme Français et comme citoyens, tout aussi bien qu'à nous.

Au moment où je parle, je vois rôder autour de moi des gens de mauvaise mine, des courtisans. Les voilà qui s'approchent! Ils me serrent la gorge pour m'arracher le pain et la vie du peuple, et à peine si je puis crier d'une voix étouffée : Lyon! Lyon!

Imprimerie de Sirou, rue de Grenelle-St-Honoré, n° 29.

www.ingramcontent.com/pod-product-compliance
Lightning Source LLC
Chambersburg PA
CBHW051353060726
47596CB00005B/1895